수야의 관점놀이 2

자그마한 이야기

수야의 관점놀이 2
-자그마한 이야기

김용우 **지음** / 모두출판협동조합(이사장 이재욱) **펴냄**
초판인쇄 2024년 9월 28일 / **초판발행** 2024년 9월 30일
북PD 강화석 / **디자인** 김남호
ISBN 979-11-89203-52-8
　　　979-11-89203-50-4 (세트)

ⓒ김용우, 2024

MODOOBOOKS (모두북스) 등록일 2017년 3월 28일 / **등록번호** 제 2013-3호 /
주소 서울 도봉구 덕릉로 54가길 25(창동 557-85, 우 01473)/
전화 02)2237-3301, 02)2237-3316 / **팩스** 02)2237-3389/
이메일 seekook@naver.com

*책값은 뒤표지에 씌어 있습니다

수야의 관점놀이 2
-자그마한 이야기-

수야水也 김용우

MODOOBOOKS

반갑습니다

어느 자리에서
어떤 눈으로 세상을 보느냐?
이것이 한 사람의 행복과 불행 그리고
그 운명을 결정합니다.

우리들은 짙은 화장을 한 피에로처럼 겉은 웃고 있어도
속은 슬픔과 외로움 또는 절망이 잘 머무릅니다.
그래서 쉽게 거짓말 이야기도 잘 하지만 이것은 우리들이
보듬어야할 우리들 자그마한 이야기입니다.

관점에 옳고 그름은 없습니다.
여기 전시되는 관점들을 부디 느껴주십시오.

수야 김용우 올림

http://sooya.kr

차례

자그마한 이야기　　/ 7

보고 싶은 문자 씨 3　／ 71

빛과 함께 2　／ 89

재밌는 눈 2　／ 149

혼잣말들 2　／ 209

보고 싶은 문자 씨 4　／ 317

인터뷰　／336

자그마한 이야기

밖이 있다

가슴

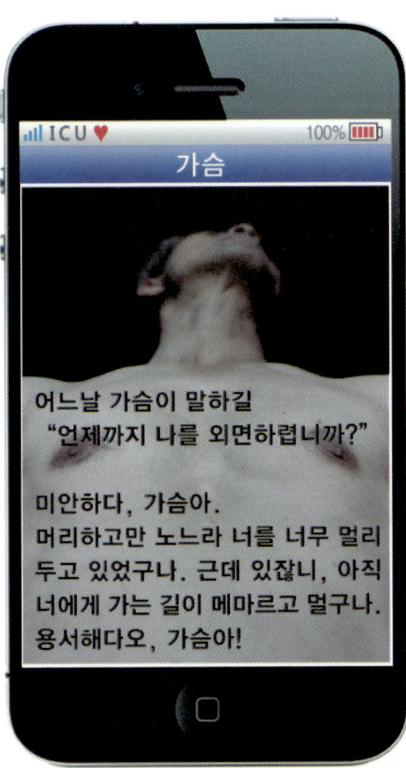

어느날 가슴이 말하길
"언제까지 나를 외면하렵니까?"

미안하다, 가슴아.
머리하고만 노느라 너를 너무 멀리 두고 있었구나. 근데 있잖니, 아직 너에게 가는 길이 메마르고 멀구나. 용서해다오, 가슴아!

ㅏ 간

짧고 마한 이야기

간

아내는 자기 맘에 들면 간도 쓸개도
다 빼주는 참으로 순박하고 경쾌한
사람이다. 남들에게는 마치 토끼 같다.
난 돈 없고 무능하고 굼뜬 거북이다.
난 아내에게 늘 혼날 짓만 할 뿐
아직 아내의 간을 얻지 못했다.
모처럼 외식, 각자 주문했다.
"짜장!"
"간짜장..."
"정말 간댕이가 부었구먼! 왜? 비싼
간짜장을 시키고 난리야!!!"
거북이가 목을 움츠리며 말했다.
"'간' 먹고 싶어... 당신은 안 주잖아"

ⓒ수야 www.facebook.com/widenback

개나리

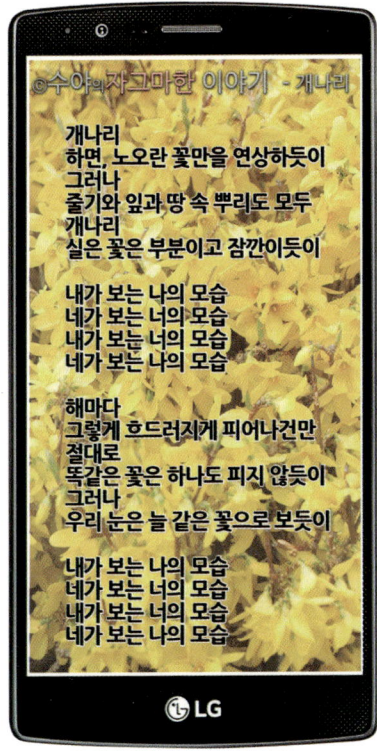

◎수아의 자그마한 이야기 - 개나리

개나리
하면, 노오란 꽃만을 연상하듯이
그러나
줄기와 잎과 땅 속 뿌리도 모두
개나리
실은 꽃은 부분이고 잠깐이듯이

내가 보는 나의 모습
네가 보는 너의 모습
내가 보는 너의 모습
네가 보는 나의 모습

해마다
그렇게 흐드러지게 피어나건만
절대로
똑같은 꽃은 하나도 피지 않듯이
그러나
우리 눈은 늘 같은 꽃으로 보듯이

내가 보는 나의 모습
네가 보는 너의 모습
내가 보는 너의 모습
네가 보는 나의 모습

거울 2

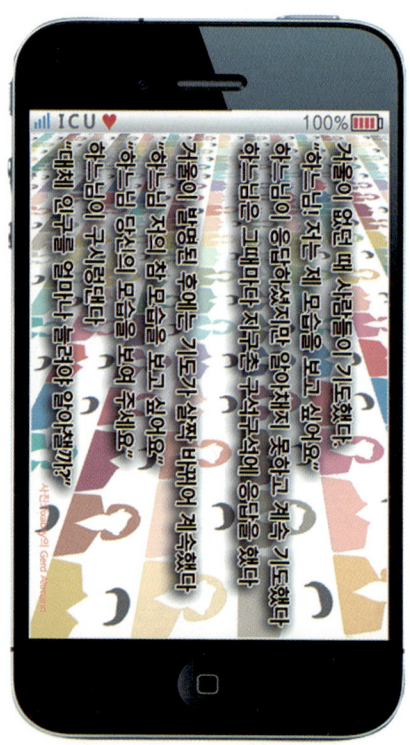

"가뭄이 없던 때 사람들이 기도했다.
하늘이 응답하셨지만 알아채지 못하고 계속 기도했다.
하느님은 그때마다 지극초 구석구석에 응답을 했다.
'하느님, 저는 제 모습을 보고 싶어요.'
'하느님 자의 참 모습을 보고 싶어요.'
'하느님 당신의 모습을 보여 주세요.'
거울이 발명된 후에는 기도가 설핏 바깥에 계속됐다.
'하느님의 구세합니다!'
'대체 언구를 얼마나 돌려야 알아볼까?'"

고독한 외로움

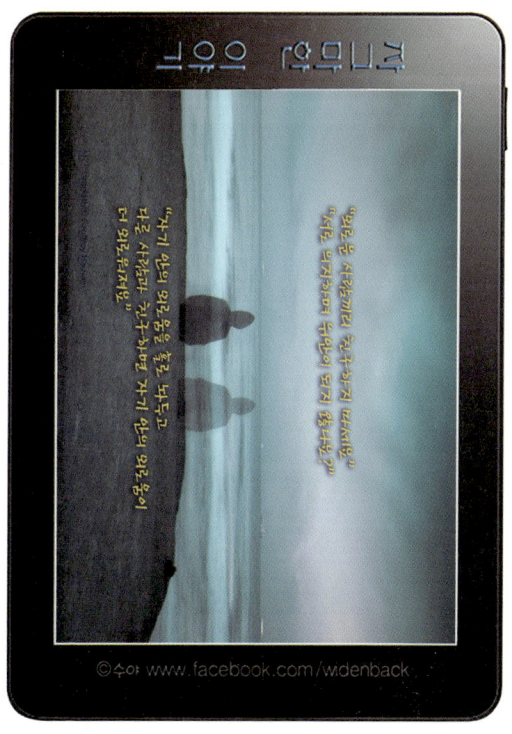

광복

그릇 1

# 금연

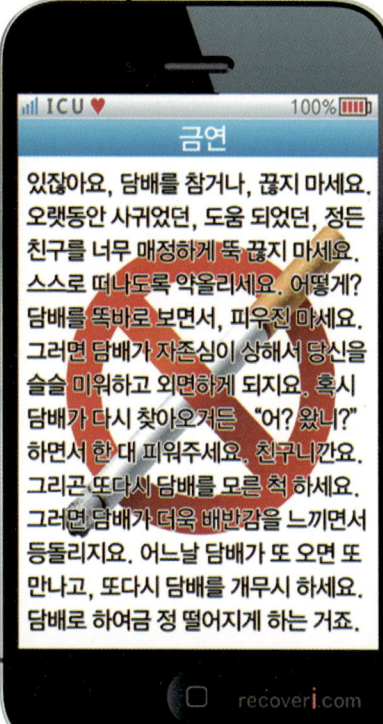

금연

있잖아요, 담배를 참거나, 끊지 마세요. 오랫동안 사귀었던, 도움 되었던, 정든 친구를 너무 매정하게 뚝 끊지 마세요. 스스로 떠나도록 약올리세요. 어떻게? 담배를 똑바로 보면서, 피우진 마세요. 그러면 담배가 자존심이 상해서 당신을 슬슬 미워하고 외면하게 되지요. 혹시 담배가 다시 찾아오거든 "어? 왔니?" 하면서 한 대 피워주세요. 친구니까요. 그리곤 또다시 담배를 모른 척 하세요. 그러면 담배가 더욱 배반감을 느끼면서 등돌리지요. 어느날 담배가 또 오면 또 만나고, 또다시 담배를 개무시 하세요. 담배로 하여금 정 떨어지게 하는 거죠.

꿈꿈꿈

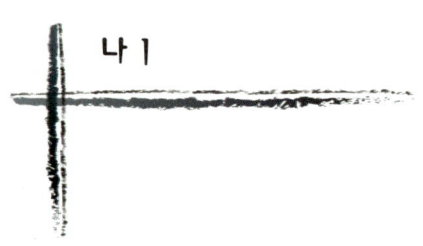

나 1

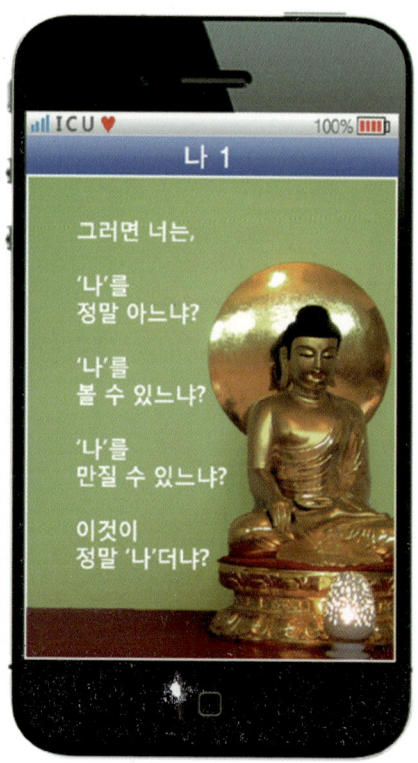

그러면 너는,

'나'를
정말 아느냐?

'나'를
볼 수 있느냐?

'나'를
만질 수 있느냐?

이것이
정말 '나'더냐?

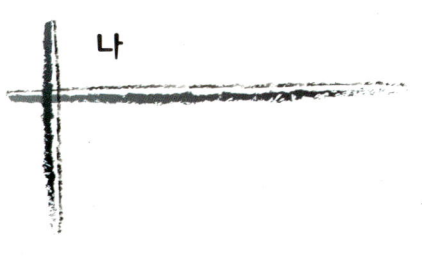

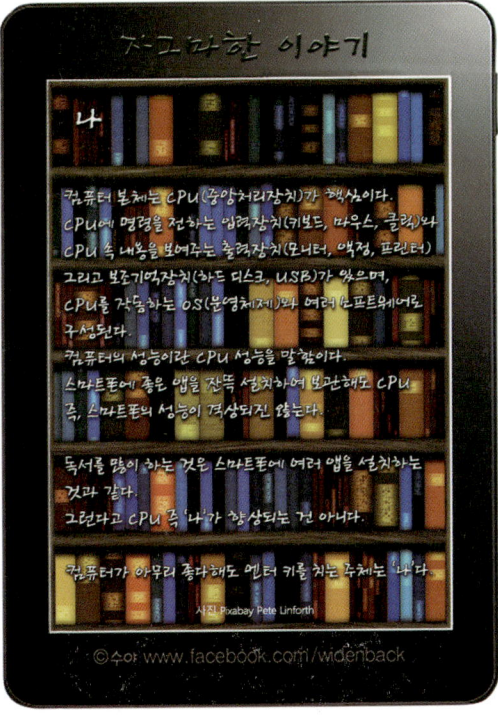

냉장고

화장품가게

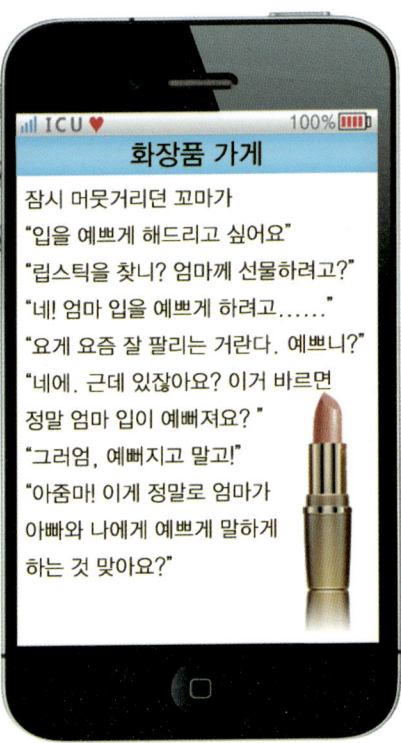

📶 ICU ♥　　　　　　100% 🔋
화장품 가게

잠시 머뭇거리던 꼬마가
"입을 예쁘게 해드리고 싶어요"
"립스틱을 찾니? 엄마께 선물하려고?"
"네! 엄마 입을 예쁘게 하려고……"
"요게 요즘 잘 팔리는 거란다. 예쁘니?"
"네에. 근데 있잖아요? 이거 바르면
정말 엄마 입이 예뻐져요?"
"그러엄, 예뻐지고 말고!"
"아줌마! 이게 정말로 엄마가
아빠와 나에게 예쁘게 말하게
하는 것 맞아요?"

누구세요

담쟁이

담쟁이

당신은 거기 계세요
제가 담을 잡고 오를 거예요
설령 당신이 고개 내밀지 않아도
나는 당신의 담을 오를 거예요

남들에겐 담이 저에겐 놀이터예요
당신의 담만 잡고 있어도
저는 충분히 행복한 걸요

돼지야

자그마한 이야기

미안하다 돼지야
네가 참 맛있구나
덕분에 잘 먹었다
너는 서민들의 기쁨이요 힘이란다
널 잊지 않을게, 돼지야

괜찮아, 난 몸보시하려고 생겼어
너의 일부가 되어서 영광이야
살찐다고 걱정하면서도
날 먹어줘서 고마워
이 미련한 돼지야

사진: Unsplash의 Igor Starkov

ⓒ수아 www.facebook.com/widenback

먼지 1

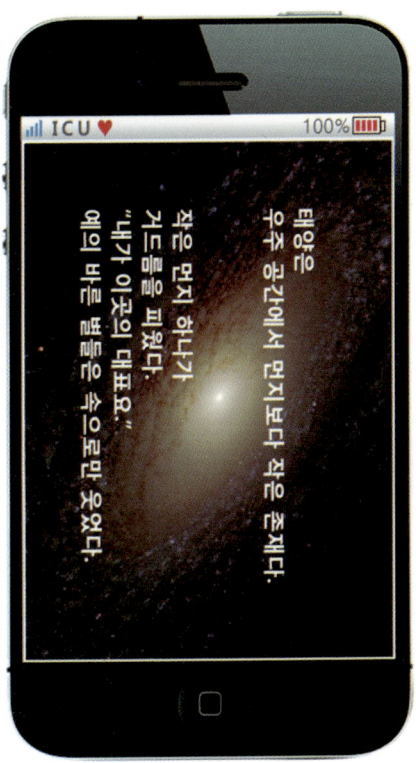

태양은
우주 공간에서 먼지보다 작은 존재다.
작은 먼지 하나가
거드름을 피웠다.
"내가 이웃의 대표요."
옆의 먼지들은 속으로만 웃었다.

물같은 사랑

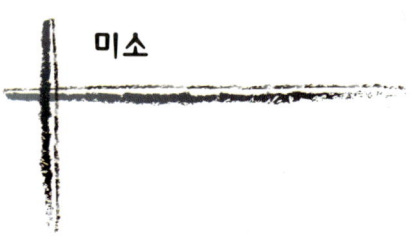

미소

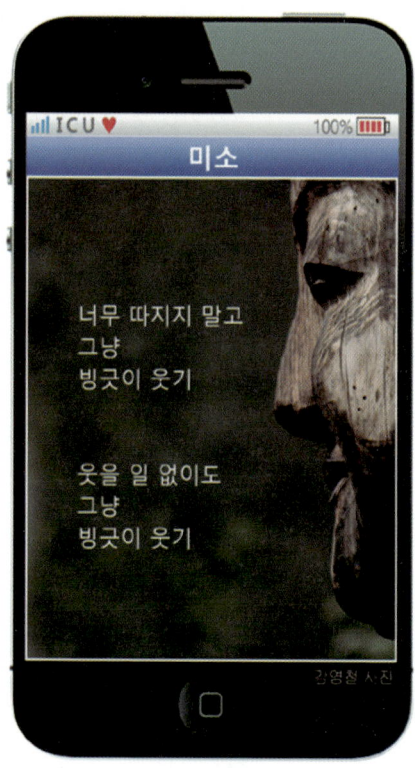

너무 따지지 말고
그냥
빙긋이 웃기

웃을 일 없어도
그냥
빙긋이 웃기

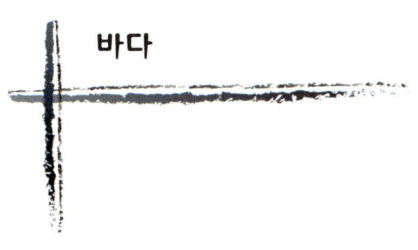

바다

끝없이 펼쳐진 바다 앞에 서면 늘 생각한다
나보다 크고 거대한 무언가가
저 너머에 있지 않을까?
어딘가에
누군가가
꿈을 향해 가는 내가 있다

바다 2

자그마한 이야기

바다

이 세상 어디에도
반듯하게 흐르는 강물은 없다

슬퍼하지 마라
그래도 강물은 바다로 간다

사진/ Unsplash의 Dave Hoefler

©수야 www.facebook.com/widenback

바람

크리스마스 응으로

흔들리지 마

바람은 너를 느껴 지나갈 뿐
너에 남은 건 은은한 향

내가 흔들리는 건 니가 바람을 만나 흔들려서야

흔들리지 마

바람아

©수아 www.facebook.com/widenback

자그마한 이야기

굴뚝

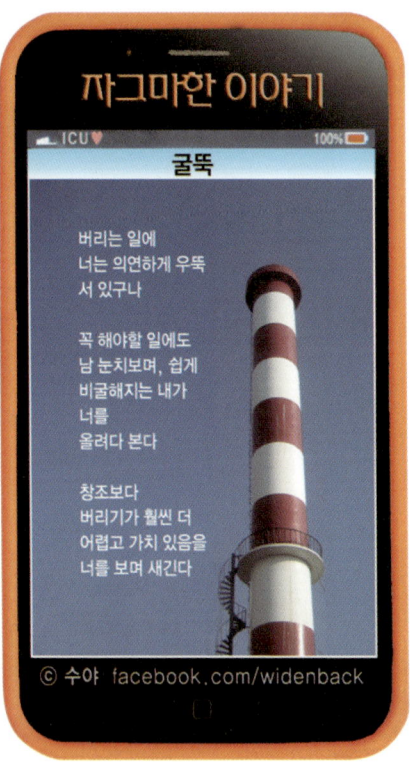

자그마한 이야기

굴뚝

버리는 일에
너는 의연하게 우뚝
서 있구나

꼭 해야할 일에도
남 눈치보며, 쉽게
비굴해지는 내가
너를
올려다 본다

창조보다
버리기가 훨씬 더
어렵고 가치 있음을
너를 보며 새긴다

ⓒ 수야 facebook.com/widenback

반항

항아리에 갇힌 아이들이
벽에 부딪치며 지르는 비명을
어른들은
반항이라고 한다.

어른들아
항아리를 깨라.

 배려

배려

조금 전 도착한 남자에게 전화가 왔다.
"나, 어쩌죠? 20분 정도 늦을 것 같아…"
"어? 그래? 마침 잘 되었네! 나도 그 정도 늦을 거 같아서 지금 막 전화하려 했는데."

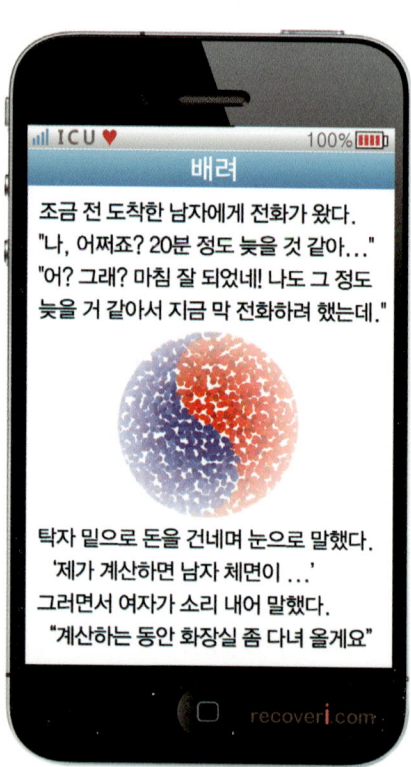

탁자 밑으로 돈을 건네며 눈으로 말했다.
'제가 계산하면 남자 체면이 …'
그러면서 여자가 소리 내어 말했다.
"계산하는 동안 화장실 좀 다녀 올게요"

사과

사과는
자기를 존중해야 할 수 있는 일이다.
사과는
자신의 영을 맑게 하는 효능이 있다.

사과는
잘못한 사람의 굴욕이 아니다.
사과는
정직한 승리자의 몫이다.

흔히 말하는 〈자존심이 강한 사람〉은 자기를 존중하는
마음이 부족하여, 쉽게 상처를 받고, 사과를 못 한다.

사진

상사화

○수아의 자그마한이야기 - 상사화

에고가 나에게 말했다.
"나는 너를 사랑하지만
함께 살고 싶지만
내가 죽어 사라져야만
그대 너는 피어나겠지.
그리움이 나를 만듦해도
내가 너도서 피어나기까지"

자그마한 이야기

석류

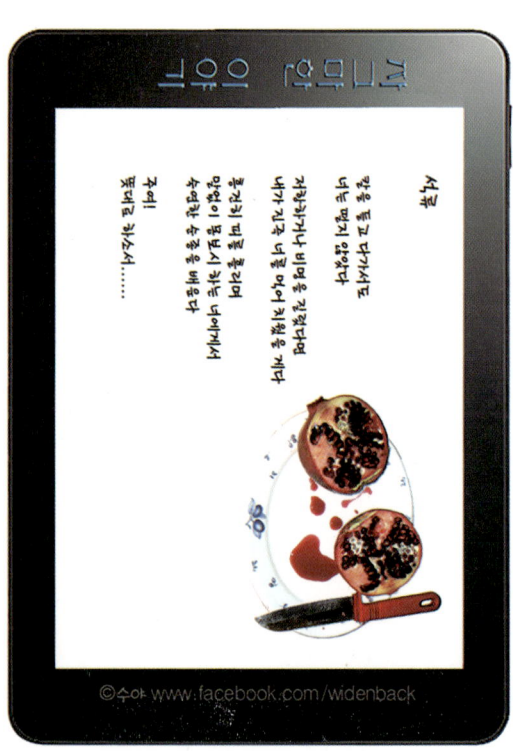

선택

자그마한 이야기

무슨 말이든 다 들어주는 귀
무슨 말이든 다 할 수 있는 입

서로 하나씩 나눠 가져야 한다면
내가 무엇을 갖기 바라는가
네가 무엇을 갖기 바라는가

어느 쪽이 영적 성장에 도움이 될까

사진: Pixabay의 Thomas Wolter

ⓒ수야 www.facebook.com/widenback

수화 1

스위치1

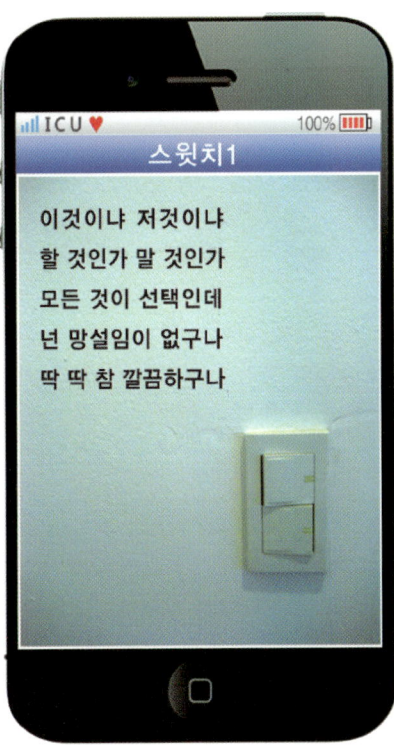

스윗치1

이것이냐 저것이냐
할 것인가 말 것인가
모든 것이 선택인데
넌 망설임이 없구나
딱 딱 참 깔끔하구나

스위치2

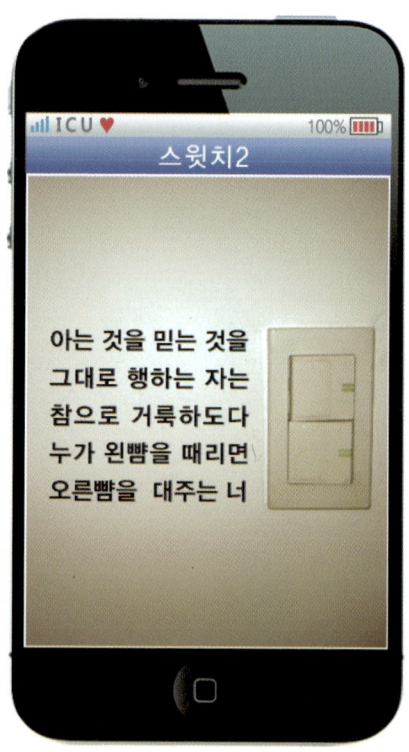

신비

아가, 알지?
너는 알지?
삶은 온통 신비라는 것을

©수아 www.facebook.com/widenback

어버이날

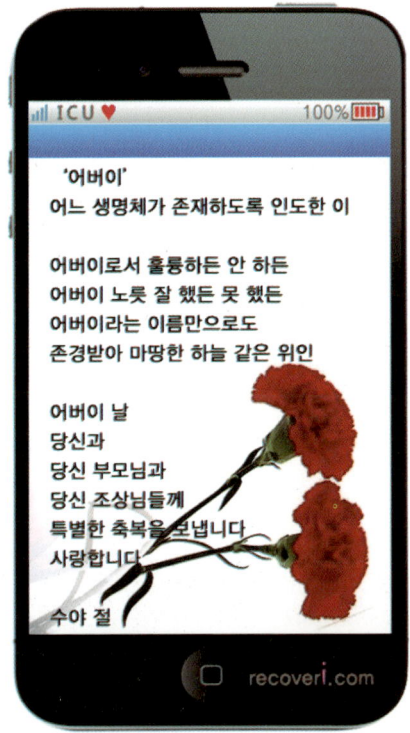

'어버이'
어느 생명체가 존재하도록 인도한 이

어버이로서 훌륭하든 안 하든
어버이 노릇 잘 했든 못 했든
어버이라는 이름만으로도
존경받아 마땅한 하늘 같은 위인

어버이 날
당신과
당신 부모님과
당신 조상님들께
특별한 축복을 보냅니다
사랑합니다

수야 절

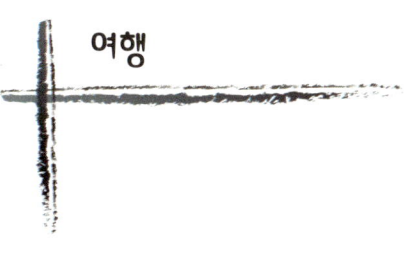

여행

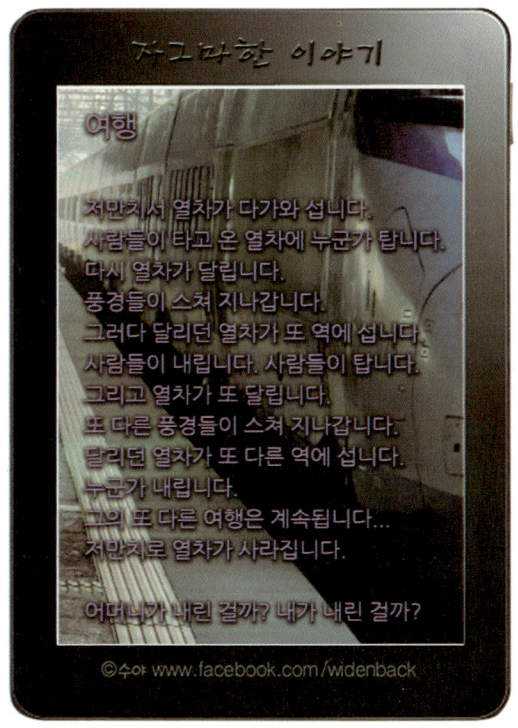

여행

저만치서 열차가 다가와 섭니다.
사람들이 타고 온 열차에 누군가 탑니다.
다시 열차가 달립니다.
풍경들이 스쳐 지나갑니다.
그러다 달리던 열차가 또 역에 섭니다.
사람들이 내립니다. 사람들이 탑니다.
그리고 열차가 또 달립니다.
또 다른 풍경들이 스쳐 지나갑니다.
달리던 열차가 또 다른 역에 섭니다.
누군가 내립니다.
그의 또 다른 여행은 계속됩니다…
저만치로 열차가 사라집니다.

어디니가 내린 걸까? 내가 내린 걸까?

ⓒ수야 www.facebook.com/widenback

우화23

원숭이 한 마리가 거울의 방에 갇혔다. 원숭이는 사방에서 자기를 바라보는 원숭이들이 무서웠다. 그래서 한쪽 벽으로 슬금슬금 다가갔다. 느닷없이 그 놈을 향해 공격하는 순간 그 놈도 똑같이 공격했다. 어찌나 민첩하게 자기와 똑같이 행동하는지 도저히 틈이 보이지 않았다. 자괴감을 느낀 원숭이는 자기 혼대를 시작했다. 얼굴을 긁어 피가 흘렀다. 그래 한쪽 벽을 보자 저쪽의 원숭이가 피를 흘리고 있는 모습이 보였다. 사방을 돌아보니 모든 원숭이는 그들을 따라하며 피를 흘리고 있었다. 피 내뿜는 원숭이가 자기를 공격하는 것보다 자기를 상처내 피를 들러써 원숭이들을 효과임을 알았다. 원숭이는 자기를 들러써 원숭이들 없애려고 자기를 죽여 버렸다. 원숭이가 사라지자 거울도 사라졌다.

이름

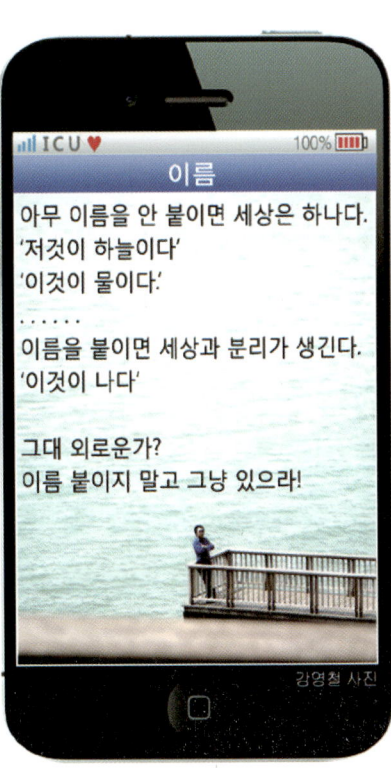

이름

아무 이름을 안 붙이면 세상은 하나다.
'저것이 하늘이다'
'이것이 물이다.'
······
이름을 붙이면 세상과 분리가 생긴다.
'이것이 나다'

그대 외로운가?
이름 붙이지 말고 그냥 있으라!

강영철 사진

자유

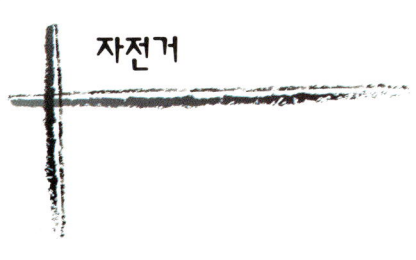

자전거

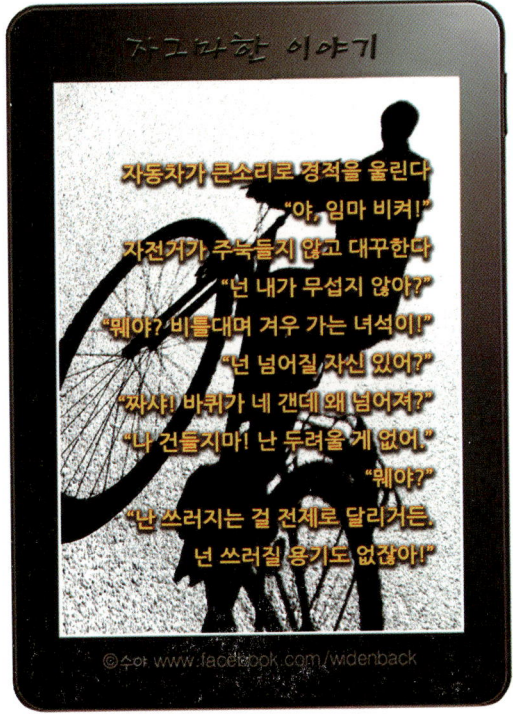

자동차가 큰소리로 경적을 울린다
"야, 임마 비켜!"
자전거가 주눅들지 않고 대꾸한다
"넌 내가 무섭지 않아?"
"뭬야? 비틀대며 겨우 가는 녀석이!"
"넌 넘어질 자신 있어?"
"짜샤! 바퀴가 네 갠데 왜 넘어져?"
"나 건들지마! 난 두려울 게 없어."
"뭬야?"
"난 쓰러지는 걸 전제로 달리거든.
넌 쓰러질 용기도 없잖아!"

잠념 다이어트

최근의 유행

잠념 다이어트
수아

마음도, 세상사 참에우기 좋은
오래된 내 방안을
머리와 마음속을 헤집어 놓은
그런다니
다른 방해지 못한 웅어리들을
그 마음 구석구석
가만히 쓸어담는다

잣대

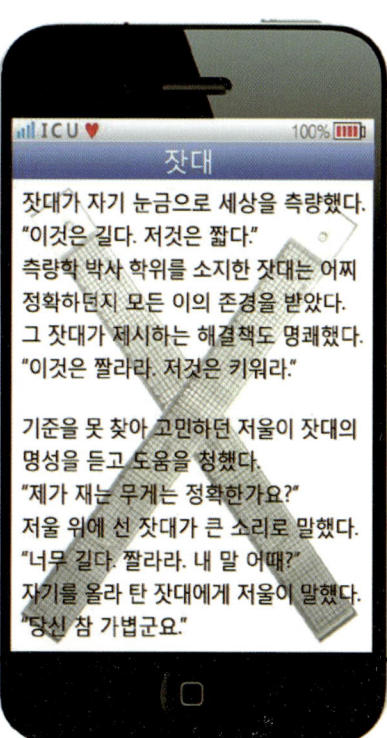

📶ICU♥　　　　　　　100% 🔋

잣대

잣대가 자기 눈금으로 세상을 측량했다.
"이것은 길다. 저것은 짧다."
측량학 박사 학위를 소지한 잣대는 어찌 정확하던지 모든 이의 존경을 받았다.
그 잣대가 제시하는 해결책도 명쾌했다.
"이것은 짤라라. 저것은 키워라."

기준을 못 찾아 고민하던 저울이 잣대의 명성을 듣고 도움을 청했다.
"제가 재는 무게는 정확한가요?"
저울 위에 선 잣대가 큰 소리로 말했다.
"너무 길다. 짤라라. 내 말 어때?"
자기를 올라 탄 잣대에게 저울이 말했다.
"당신 참 가볍군요."

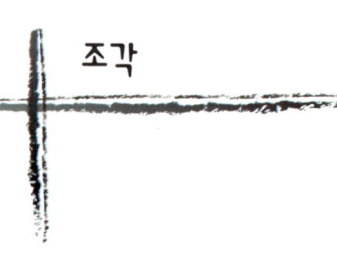

조각

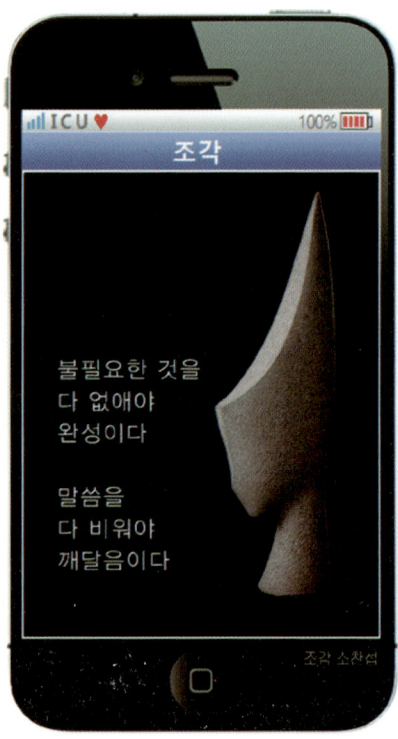

불필요한 것을
다 없애야
완성이다

말씀을
다 비워야
깨달음이다

조각 소찬섭

조강지처

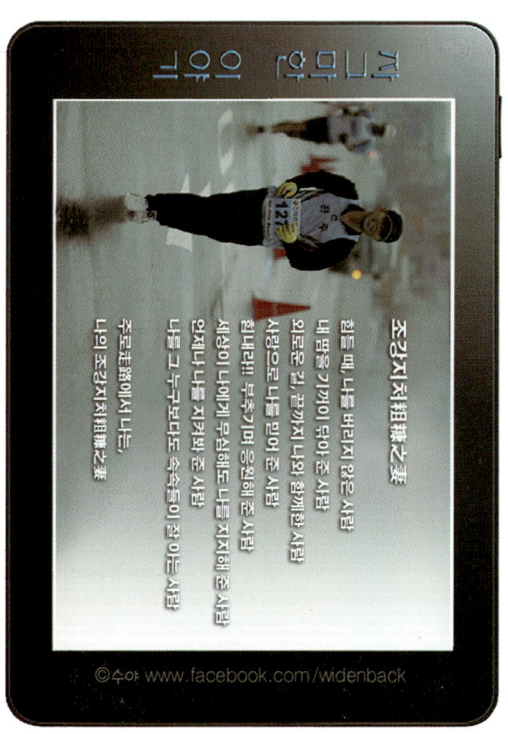

조강지처糟糠之妻

힘들 때, 나를 버리지 않은 사람
내 땀 한 기깨이 닦아 준 사람
외로운 길, 끝까지 나의 함께한 사람
사랑으로 나를 믿어 준 사람
힘내라며 부축이며 응원해 준 사람
세상이 나에게 무심해도 나를 지지해 준 사람
언제나 나를 지켜봐 준 사람
나를 그 누구보다 속속들이 잘 아는 사람
주로走路에서 나도,
나의 조강지처糟糠之妻

©수야 www.facebook.com/widenback

진짜 나

짐승 돌보기

차이

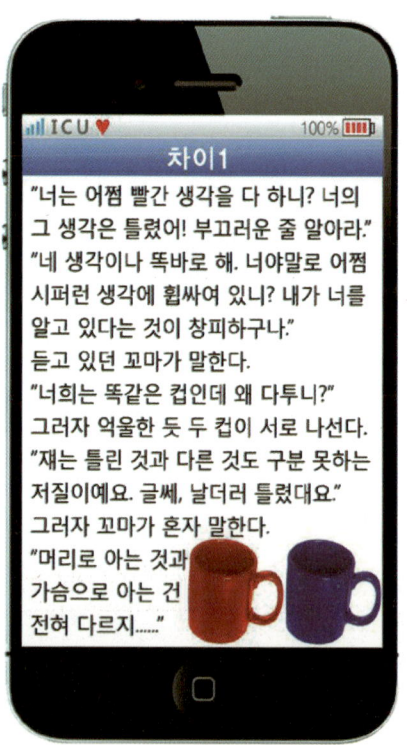

차이1

"너는 어쩜 빨간 생각을 다 하니? 너의 그 생각은 틀렸어! 부끄러운 줄 알아라."
"네 생각이나 똑바로 해. 너야말로 어쩜 시퍼런 생각에 휩싸여 있니? 내가 너를 알고 있다는 것이 창피하구나."
듣고 있던 꼬마가 말한다.
"너희는 똑같은 컵인데 왜 다투니?"
그러자 억울한 듯 두 컵이 서로 나선다.
"쟤는 틀린 것과 다른 것도 구분 못하는 저질이예요. 글쎄, 날더러 틀렸대요."
그러자 꼬마가 혼자 말한다.
"머리로 아는 것과 가슴으로 아는 건 전혀 다르지……"

착각

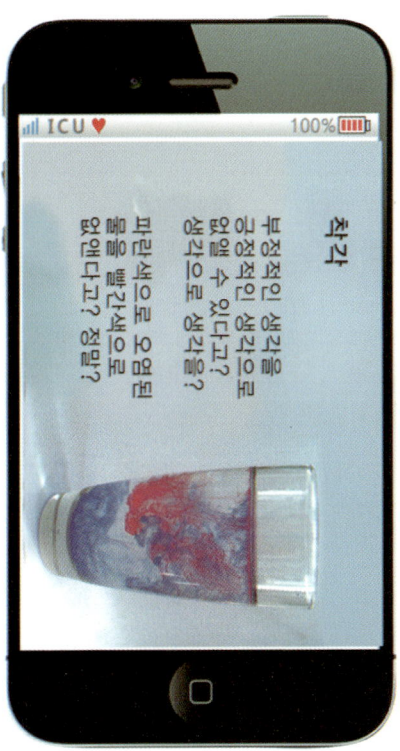

착각

부정적인 생각을
긍정적인 생각으로
바꿀 수 있다고?
생각으로 생각을?

파란색으로 오염된
물을 빨간색으로
없앤다고? 정말?

축복

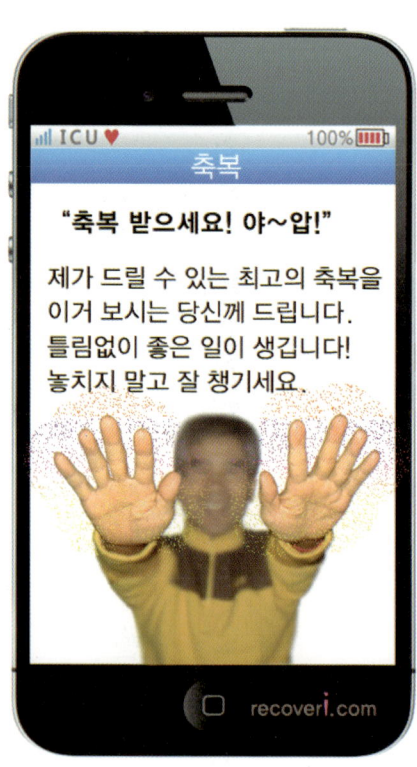

 틀2

팽이

팽이

엎어져 있어도
자빠져 있어도
팽이채에 채찍질 당하며 휘둘려도
휘둘릴수록
중심을 잃지 않는다.

하나

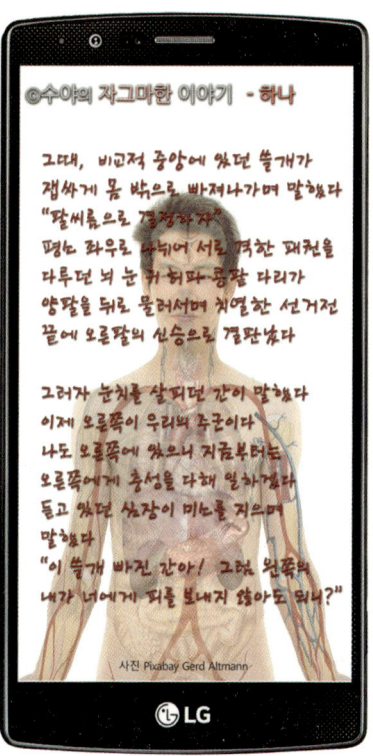

◎수야의 자그마한 이야기 - 하나

그때, 비공격 중앙에 있던 쓸개가
잽싸게 몸 밖으로 빠져나가며 말했다
"팔씨름으로 결정하자"
평소 좌우로 나뉘어 서로 격한 패권을
다투던 뇌 눈 귀 허파 콩팥 다리가
양팔을 뒤로 물러서며 치열한 선거전
끝에 오른팔의 신승으로 결판났다

그러자 눈치를 살피던 간이 말했다
이제 오른쪽이 우리의 주군이다
나도 오른쪽에 있으니 지금부터는
오른쪽에게 충성을 다해 일하겠다
듣고 있던 심장이 미소를 지으며
말했다
"이 쓸개 빠진 간아! 그럼 왼쪽의
내가 너에게 피를 보내지 않아도 되니?"

사진 Pikabay Gerd Altmann

항해

햇빛사랑

춤사위

귀

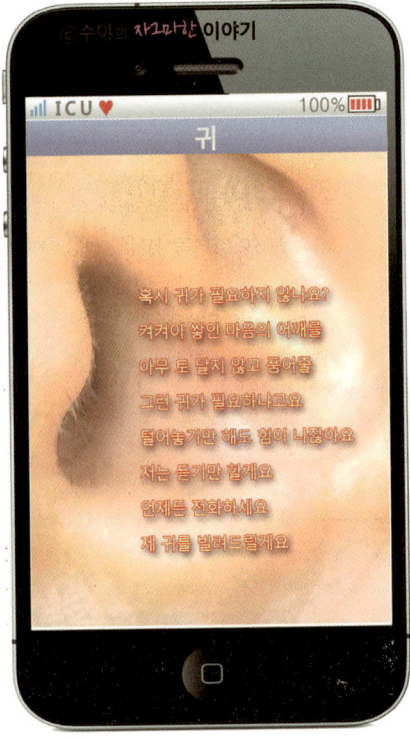

혹시 귀가 필요하지 않나요?
켜켜이 쌓인 마음의 아픔을
아무 토 달지 않고 품어줄
그런 귀가 필요하다고요
들어주기만 해도 힘이 나죠잖아요
저는 듣기만 할게요
언제든 전화하세요
제 귀를 빌려드릴게요

관계

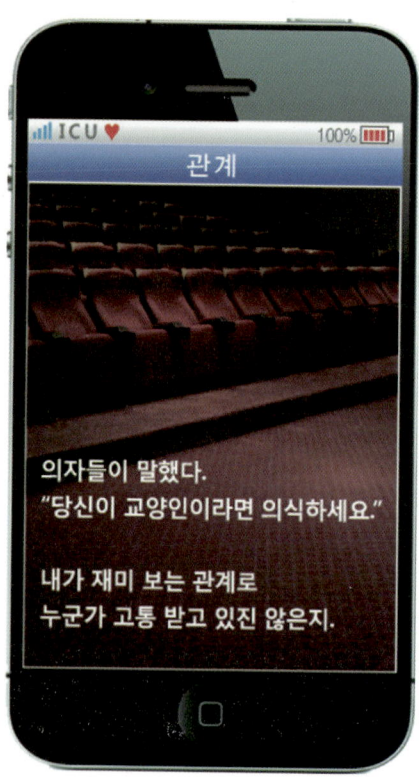

의자들이 말했다.
"당신이 교양인이라면 의식하세요."

내가 재미 보는 관계로
누군가 고통 받고 있진 않은지.

낙엽

수많았던 아픔도 슬픔도 괜찮아
달콤한 사랑을 남겼잖아
흙 덮이고 눈 쌓여도 괜찮아
돌아가는 길, 뭘 내세우겠어

노란 투피스

보고 싶은 문자 씨 3

 화신

화신化身

얘야 속지 마라 너는
사랑받기 위해 태어
난 사람이 아니란다
너는 사랑하기 위해
온 빛의 화신이란다

윤회

윤회

꽃핀자리에열매가
열려열매그속에씨
앗이살아씨앗안에
그무엇이있어그무
엇은꽃으로피어나

 이불

이불

한기가느껴져자다
깨어이불여미다가
난누구의찬바람을
막아주며살고있나
혼자부끄러운새벽

 자랑

자랑

얘야네가한일중에
가장자랑스러운게
무엇인지말해보렴
그리고헤아려봐라
그걸로누가놀랠까

젓가락

젓가락

빼빼마른두녀석이
먹을것을물어다가
내입속에넣어주고
자기는쑥물러난다
얘야너도좀먹어라

존재 1

존재 1

십년후어디있을래
백년후어디있을래
천년후어디있을래
만년후어디있을래
뭐가너냐몸이너냐

죽음

죽음

아빠는죽고싶나요
돌아가시고싶나요
뒈지고싶나요나는
다되어졌다말하며
뒈지고싶단다정말

지금여기

지금여기

나는재주가없어서
오로지지금만산다
과거는지나고없어
못살고미래는여기
아직없어서못산다

책장

책장

책을많이가졌다고
지식인은아닐거고
책을많이읽었다고
지성인도아닐거다
책장아폼재지마라

청소기

청소기

빨아먹긴잘하는데
씹지못하고소화도
못한다저혼자똥도
싸지못하는주제에
먹을땐참요란하다

칫솔

칫솔

게거품물게하더니
곧장물고문을하네
그래도아무말없자
온종일목을매다네
나는정말결백하다

컴퓨터

컴퓨터

모니터에 나타나는 모든 것은 컴퓨터에 내장된 프로그램의 결과물이다 내 삶은 모두 내 안에 있었다

콘센트

콘센트

네가없다면문명의
이기를쓸수가없다
그런데도너는항상
낮은곳에서자기를
드러내지않는구나

 하늘

하늘

당신께서외롭다면
당신이너무나크기
때문이아니겠어요
당신을그누가품을
수있겠어요하늘님

행주

행주

주방에서신뢰받는
으뜸은행주너구나
그래도청정수행을
게을리하면곧바로
걸레됨을명심해라

우화

우화

내가자네에게충고
할테니명심해두게
상대방이원치않는
말을강요하지말게
내말꼭꼭새겨두게

의미

의미

세상젤무의미한건
그어떤것에대하여
지가지어낸생각을
의미로규정하는일
지성의탈을쓴뻘짓

빛과 함께 2

중앙동 연가

93년 묵은 미소

가을 논두렁

이모집

우산

얼음 햇살

검은 눈물

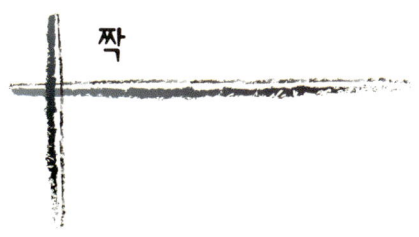

짝

겨울이 보낸 편지

색길

오래된 새싹

여름 고드름

오랜 친구

친구들

나도 등

안광

빛과 함께 2

노란 호기심

슬슬 대보자

옥상

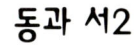
동과 서2

빛과 함께 2

마지막 호스피스

만추 화염

모래 위의 수채화

무채색 친구

빛과 함께 2

같지만 다른 길

비 오는 날

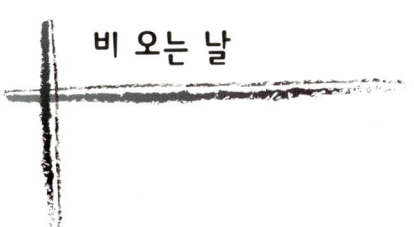

땅에 뜬 달

빗물 화장

빛과 함께 2

빛이 만든 도형

빨간 폰 파란 모자

살아있는 역사

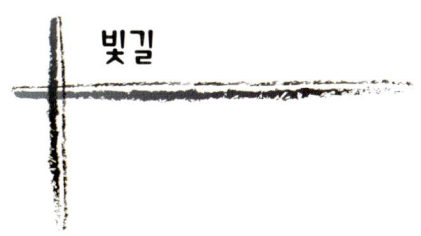

빛길

몰아

엉덩이가 좋아

셀프 흡연구역

물꽃

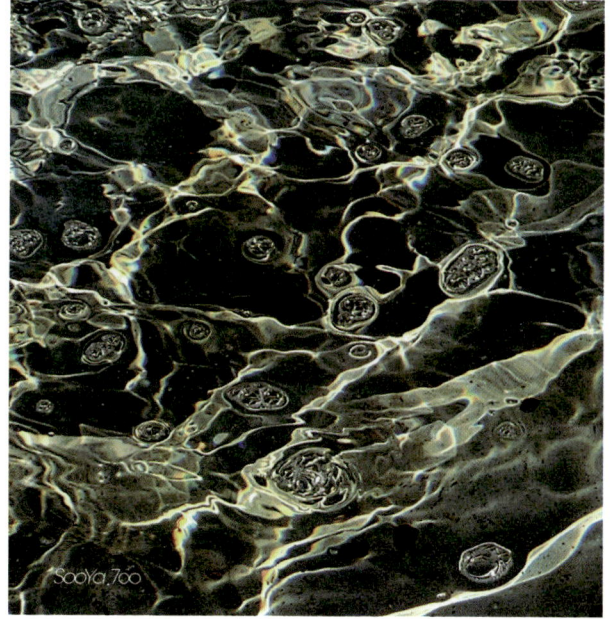

슬픔 너머

아침 햇살의 응시

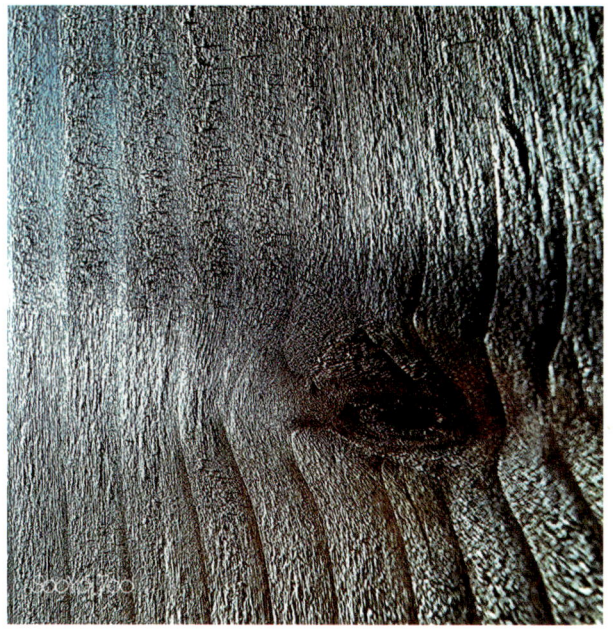

앓이랑

엄마랑 할머니랑

빛과 함께 2

여행 친구

예술적 입구

요염한 손스침

✝ 응시

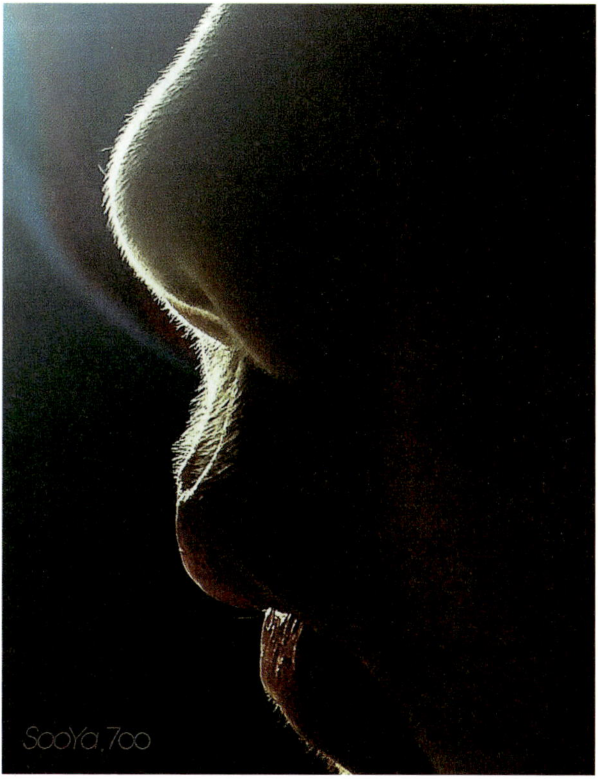

사각사각

전주 남천교 새벽

전주천 태풍 선물

사이

초록 지붕

친정 가는 날

평화동 요새

폭설주의보 2

핑크빛 세상

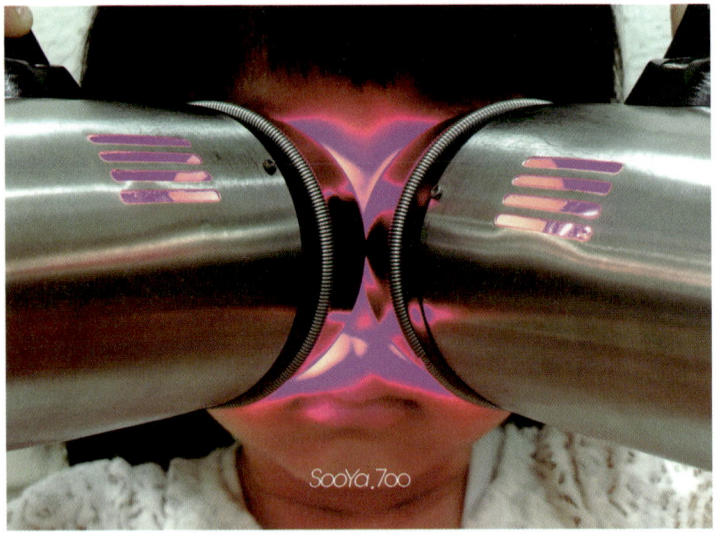

하늘 가는 계단

하루 시작점

휴休

햐!

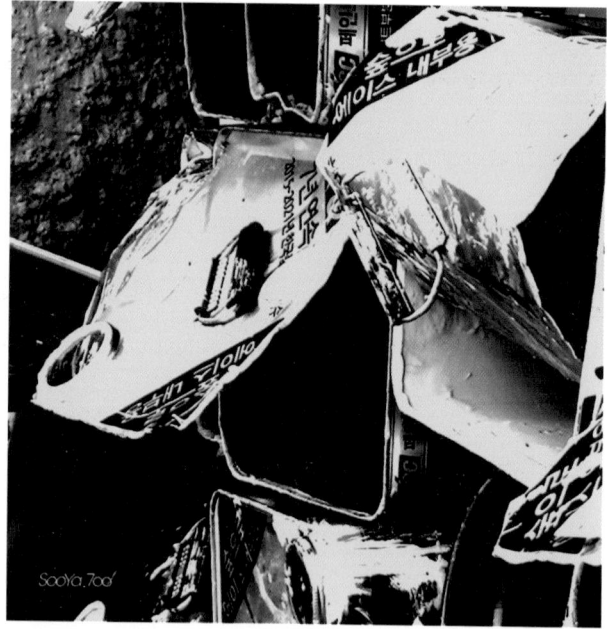

호기심 구멍

다리 아래

재밌는 눈 2

아스팔트 봄

대원사 산토끼

재밌는 눈 2 155

물벼락

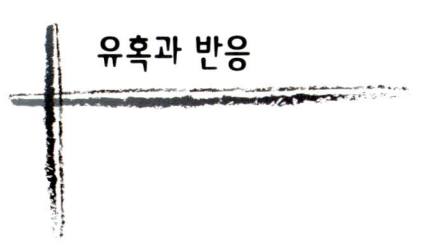

유혹과 반응

7인의 개성

SooYa.7oo

감시

재밌는 눈 2

降在爾腦，仝孫

겨울 숲

고래 아파트

공(工)을 많이 들인 담

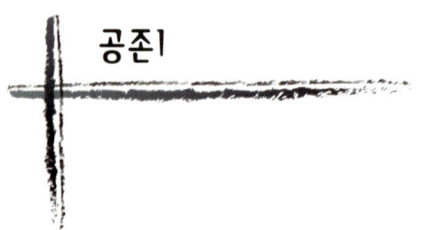

공존1

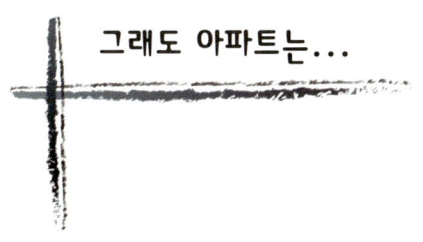
그래도 아파트는...

재밌는 눈 2

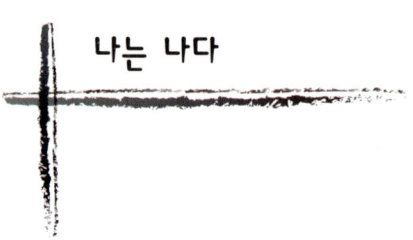

나는 나다

나는 바퀴

시선

수캐

누가 젤 힘 쎄나

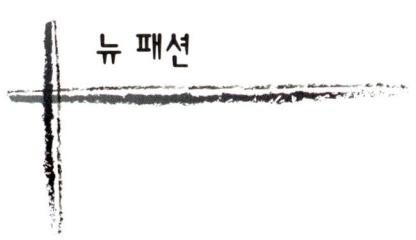

뉴 패션

너의 혓바닥

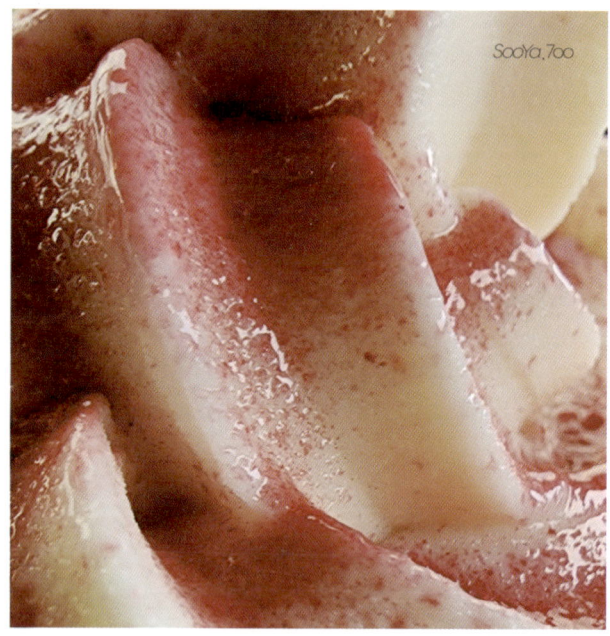

급수

조각 : 김성균

마귀야, 물러나라!

머리는 어딨지?

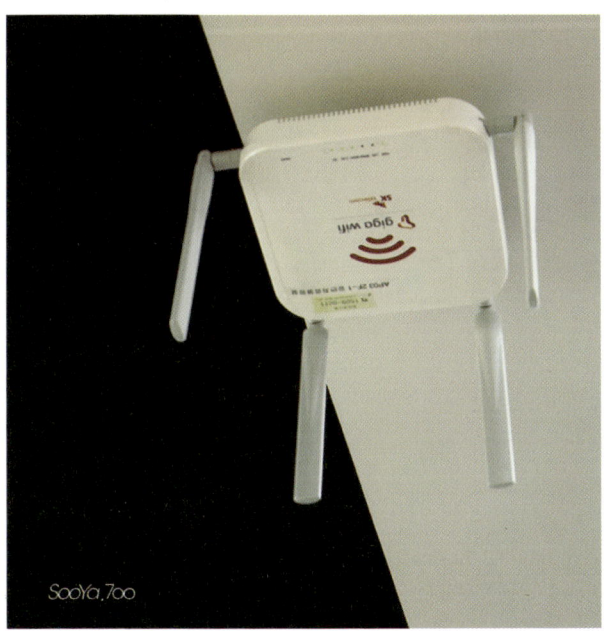

재밌는 눈 2

몽환적 3차원

문명

재밌는 눈 2

미래에서 온 나무

번잡한 곳의 빈집

보케bokeh의 우물

† 부끄러워서

불구름 방사기

비 온 뒤 숲속

빛나는 하우스

# 사이

상실의 열매

선명한 UFO

세상을 밝히는 등

셀카

피아노집

십자가 관

아직도 설치는 깃발

아파트 경호

갓GOD

표정

우러러본 꽃무릇

위험

정해진 다양성

전주역 앞

전주역

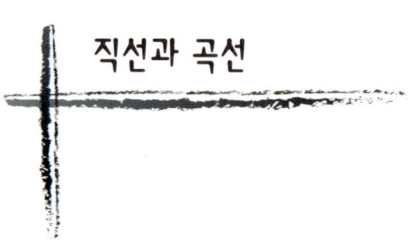
직선과 곡선

철판 위의 삶

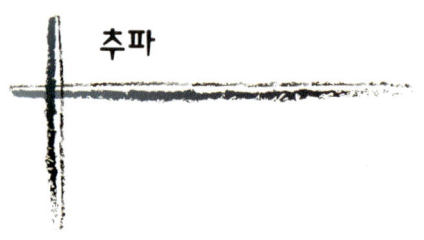

추파

튤립의 역모

재밌는 눈 2

트렁크가 본 상어꼬리

팔려 가는 코끼리

오수汚水 마블링

한옥마을 스케치

편대비행

백석의 시

재밌는 눈 2

홍초의 노래

혼잣말들 2

엄마의 손

엄마 손 붙잡고 따라 걸으며 쫑알거리던
아이들은 먼 옛날에 이소(離巢)했고
성질 급한 남편도 서둘러 먼 여행을 떠나
남은 건 병든 몸과 무거운 적막

커다란 약봉다리와 지팡이마저 겨우 붙잡은
가녀린 엄마의 손

구도의 여정

진리를 찾는 곳이 수도원이나 사찰만이랴.
가부좌를 틀고 앉거나 목탁을 두드리거나 묵주를
돌려야만 수행하는 것이랴.

삶의 모든 순간이 구도의 여정 아니랴.

난 나무예요

이 세상에서 어려운 일 중 하나는
아마도 '있는 그대로 보기' 아닐까?
진실을 말하자면 있는 그대로 보기는 불가능하다.
양자역학의 관점에서 실재하지 않는 공을
신념의 필터가 해석하고 왜곡한 결과가
바로 인식의 실체다.

새는 알지

아마, 새는 알 거야
잠시 내려 앉았지만
오래 머물 곳이 아니라는 것을

나는 정말로 아는가?
내가 머무는 지금 여기를…

멀리서 보면

손주는 울어도 똥을 싸도 귀엽고 예쁘다
한 세대를 건너 멀리서 보기 때문이다

멀리서 보면,
지구는 보석보다 아름답고 신비로운 행성이다
지지고 볶고 울고불고 평화롭지 않다 해도.

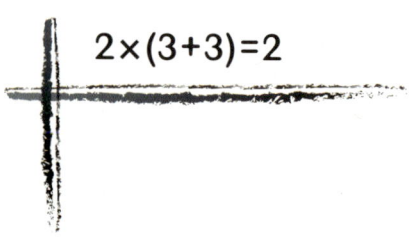

이중으로, 두 3차원이 합쳐졌는데
결과는 12차원이 아닌 2차원,
이것이 사진의 진면목.
그 누구도 사진부처님의 2차원
손바닥을 벗어날 순 없다.

sema 춤

자기를 놓치 않으면 출 수 없는 춤
에고를 잡고 있으면 필 수 없는 '나'

까치의 위로

번잡한 효자광장 사거리 5층 건물
수많은 차와 사람들이 오가지만
눈여겨보는 이 없는 외로운 옥상을
까치 한 마리가 아까부터 다독다독한다

애달픈 사연

두 손 놓고 널브러진 남자
폭설에도 흔들림 없이, 오직
살아야한다며 이를 악문 그 여자

바위 놓기

그걸 늘 가슴에 품고는
살 수 없잖아
살아도 사는 게 아니잖아

다 내려놓고
가볍게 가볍게

그걸 늘 가슴에 품고는
죽을 수도 없잖아
무거워서 하늘로 갈 수 없잖아

다 비우고
훨~훨 훨~훨

목숨

서정이 무엇인가
그리움도 잊었는데
명상은 더욱 아니지
늙은 노점상의 응시처럼
목숨, 먹고 살려고…

아파!

고해苦海에 빠진 사람들의 절규
"에고, 에고 아파!"
우리들 문제의 대부분은 돈(황금)에서 비롯되는 것 같지만
더 근본적인 진짜 원인은 '따로 분리된 나'
즉 에고(ego)다
에고를 부숴야,
아파我破야,
apart(조각난 따로)가 아닌 '온전한 나'다
아파我破야 온전한 삶이다
ego, ego 我破!

기생

굴뚝에 기댄 새집이나 닥트는 차라리 귀엽다.

기생하지 않고는 존재할 수 없는 불쌍한 것들...
권력에 돈에 힘에 종교에 법에 패권에 기득권에
어둠에 과거에 거짓말에 ...

누구에게나 자유로운 하늘은
누구에게나 똑같이 푸르른데 ...

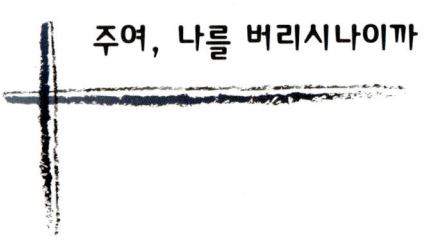

주여, 나를 버리시나이까

누군가에게, 무엇인가에
예속되어 있다면 노예 또는 종이다.
정치적으로 종교적으로 철학적으로 도덕적으로
윤리적으로 ……

나는 주主인가? 종從인가?

겨울 바닷가의 어부

채 녹지 않은 눈이 파도치는
바람 찬 아파트 모퉁이
어부의 찌는 꿈쩍 않는데…

흐릿한 믿음이 퍼덕이는 눈가엔
먼 길 떠난 큰 손주 서걱거린다
병석의 막내아들 서성거린다

영화

조각 : 국경오

제목 : 삶
기획 : 나
각본 : 나
투자 : 나
감독 : 나
로케 : 나
홍보 : 나
주연 : 나
조연 : 가족 일가친지 친구 그리고 다수의 무명 엑스트라
관객 : 나 그리고 가족 일가친지 친구

어쩌나

가로등이 켜지기 시작하고
함께 노점 하는 옆 할매들도 다 들어가고
지나는 발길도 뜸해진
서부시장 입구

어쩌나,
팔 것들이 고스란히 남았네

잃어버린 열쇠

조각 : 국경오

어쩌면,
처음부터 해결의 열쇠를 팔목에 차고
손이 헤매는 척하는 건 아닐까, 우리들...

지금 여기

과거는 흘러가서 없고
미래는 오지 않아 없고
나는 지금 여기만 사네

저기를 원해 그곳에 서면
나 있는 곳은 늘 지금 여기
나는 지금 여기만 사네

지금 여기서 되씹는 과거
지금 여기서 그리는 미래
나는 오직 지금 여기만 사네

이름

내가 작아서 못보고 지나치든
나를 이름 모를 잡초라 하든
싸잡아 야생화라 하든
개불알꽃이라 하든 봄까치꽃이라 하든
나에게 붙이는 꼬리표일 뿐
아무런 흔들림 없이
나는 나다
봄은 봄이듯이

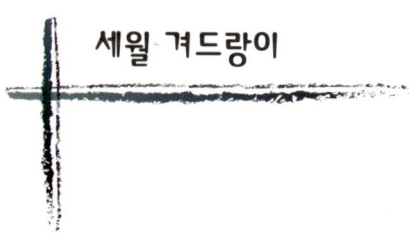

세월 겨드랑이

아파도 아프단 말 서로 안 하고
슬퍼도 슬픈 내색 서로 안 해도
세월이 곱게 삭은 겨드랑이엔
긍갑다, 긍갑다, 농익어 가네

眞理(참이치)

남좌여우男左女右
해는 왼쪽에서 뜨고 오른쪽으로 진다
그림자는 그 반대쪽에 생긴다
해는 빛난다
우주는 깜깜하다 진리는 단순하다

"빛이 어둠을 이긴다"
이는 매우 좁은 관점의 진리다
깜깜한 우주는 빛보다 엄청나게 크다

겸손한 색들

뽐내기 좋아하는 꽃들이야
아름다워서 눈에 확 띄며
화려하고 예뻐 감탄을 자아내지만
생명 품은
알곡들은 마냥 단순 소박하다

율려律呂

초여름
생명을 이루는 파동
진동하는 우주가
쑥쑥 영그는 소리

매일이 크리스마스

메리 크리스마스는 지나가고
장식 램프는 꺼졌으나
특정일만 성탄일은 아니다.
매일이 크리스마스다.

저 높은 곳을 향하는
기도와 찬송은 우상이 아니라!
평범한 일상과 이웃들 속에서
특히 내 안에서 놀라운 신비와
주님의 탄생을 수시로 경험하는,
매일이 크리스마스!

암시랑 겐차늘꺼요

시장 도로변에 손수건으로 '깜식이'를 묶어 놓고
관광 나서는 아지매.
"정말 이래 두고 가십니까?"
"울산에서는 괜찮아예"
"물론 전주도 항국잉게 암시랑 겐차늘꺼요"

서로 믿고 사는 자랑스러운 대한민국 만세.
멋진 깜식이 엄마 아자아자!

네 뜻대로 해

'내 안에 너가 있고, 너 안에 내가 있다.
우리는 하나다'
나는 곧 너이니
누구 눈치 보거나 매달릴 거 없어.
아등바등할 것도 없어
'Que sera sera'
'이루어질 일은 언제든 이루어진다'
너는 곧 나이니
네 뜻대로 해.
('뜻대로'가 '맘대로'라는 의미가 아닌 건 알지?)

금의환향

비단보다 화려한 황금옷 차려입고
본향으로 돌아갈 채비 바쁜 비비추

라이트룸 손길도 없는 구석진 밤길
가로등 빛을 받고 눈부시게 빛난다

멋지고 이쁜 것만 아름답냐고 묻는
비비추의 노래가 귓가를 맴맴 돈다

각각各脚

각각
다리가 다르듯
관심이 제각각
삶이 다르지만
각각
관점은 달라도
마음의 평화는
知足이 아닐까
각각
마음을 비워서
공간을 만들고
거기에 머물자

손희 할머니

CD 플레이어, MP3, 카세트 녹음기, 라디오가
내장된 SONY가 전원 줄이 끈긴 채 길가에 버려졌다.
이름만 들어도 설레던 소니야, 잘 가!

저기요! 손희 Sony 할머니!!
옛날에 진짜 이뻤다면서요? 맞죠?
남자들이 설렘으로 줄줄 따라다녔담서요? 맞죠?

완벽한 휴일

그래, 노는 날과 쉬는 날은 달라.
쉬는 날은
가을이 가든 말든
집에서 꼼짝 않고 곰잠을 자는 거야.

정한수

비나이다.
비우나이다.

당신께 경배하오니
저를 살려 주세요.

비나이다.
비우나이다.

구석구석 오염된
저를 정화해 주소서.

비나이다.
비우나이다.

무음교향곡

너무 큰 소리는 못 듣게 설계된 귀
하늘 가득 찬 별들의 울트라연주
빈 오선지에서 우주를 엿듣는 내 눈

탈피는 삶의 길이다.
고착된 생각, 믿음, 신념, 관점에 갇혀 있으면
죽음의 길이다.

껍데기를 벗어나야 매미가 산다.
집착에서 탈피해야 사람이 된다.

오, 내 고향 플레이아데스

밝게 빛나는 화성, 그 옆,
황소자리의 으뜸별 알데바란 위,
휘황한 달빛 옆에서 선명하게 빛나는,
오! 플레이아데스

머나먼(444 광년) 내 고향 플레이아데스를
별다른 추가 장비 없이
방에 앉아서 내 스마트폰에 담다니!
감격이다.
달빛보다 더 밝은 행복이다.

노인의 새 친구

낡은 벤치의 혼잣말:

"모든 것이 변한다, 끝내는!"

"너, 또한, 사라질 테지…"

비교 불가

누구와도 무엇과도 비교할 수 없는,
우리는 절대적 존재 가치가 있다.
너는 너로서. 나는 나로서.

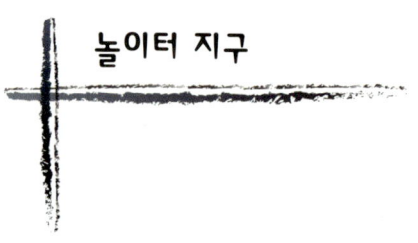

놀이터 지구

온갖 생각, 설명, 지식, 개념, 원리, 해석, 확신, 주장, 견해, 주의, 관념, 이론, 신념, 믿음, 마음, 상상, 진리, 깨달음, 허풍, 변명, 위선, 헛소리, 거짓말 ... 예술이라는 멋진 드레스로 치장한 이야기들이 맘껏 펼쳐지는, 여기는 신나고 재밌는 놀이터 지구

 자유이용권을 손에 쥐고서
 어느 한 장르에만 빠진다면,
 아해야! 그건 시간 낭비 아니겠니?

다 뺏긴 충만

먹먹하지만 묵묵히 견딘
먹물 같은 시간 속 헛헛한 하늘
바람도 말없이 비켜가누나

보이지 않아서 더 잘 보이는
먹빛 어둠에 묻힌 까만 슬픔들이
끈질기게 향기를 내뿜는구나

별사탕 같이 짭짜롬한 흥타령이
짜릿짜릿 수액을 끌어올리니
연둣빛 아지랑이가 하늘거리나

구름 방사기

극한 장마를 달래시려는 듯
파아란 하늘이 나오시더니
게릴라 소나기 내리시더니
금새 뭉게구름 피우시더니
시침 뚝 먹구름 변신하신다

자화상2

보시기에 제가 늘 혼자 같지요?
맞아요, 저는 늘 혼자에요.
이건 비밀인데요, 실은 제 안에 두 사람이 있어요.

한 사람은 말만 해요. 듣지는 않아요.
듣는지 안 듣는지 확인도 안 해요.
계속하진 않지만 수시로 말을 해요.

또 한 사람은 듣기만 해요.
아무런 말도 반응도 없이 그냥 계속 듣기만 해요.

그들은 결코 서로 부딪히지 않습니다.
저와 듣는 사람, 말하는 사람은 적당히 독립적이기 때문에 우리는 정말 셋으로 이루어진 하나의 존재로 살아갑니다. 우리는 서로를 사랑하고 존중하는 방법을 알고 있습니다. 신기하지 않나요? 거의 기적에 가깝지 않나요?

하나

서로 다른 그림을 그리지만
우리가 그리는 그림은 하나다.

깨어라

휘황 찬란한 감투가 부럽더냐?
황금 옷자락이 그리 탐나더냐?
애야, 너는 그냥 너로서 빛나니
깨어나 너 자신의 빛을 보아라!

필수 과목

늙기 전에 필수적으로
해두어야 할 공부가 있다.
'혼자 있기'
건강이나 돈보다 더 우선적이어야 한다.
'혼자 있기'란
자존自尊이며 자존自存이다.

어쩌면,
젊은 사람에게 더 필요할 …

의지

시위를 막 떠나며
화살이 말한다
나를 탓하거나
원망하지 말아요
나에게 그 어떤
기대도 하지 말아요
나는 당신의 의지만큼
꼭 그만큼 날아갈 거요

스펙트럼

자폐는 경증에서 중증까지 그 증상의 범위가 매우 넓어
정식 명칭이 자폐스펙트럼장애다

이 세상에 자폐 아닌 사람이 있을까?
모두들 자기 생각에 빠져 자기 말만 반복해댄다

셀프 진단을 고백 건데 나는 자폐스펙트럼 L4 급이다

대비

소인배는 자기가 군자라고 자부한다
군자는 자기 안의 소인배를 반성한다

초특급 잡식동물

털도 없고 깔끔한 외모인데, 식성은
안(못) 먹는 게 없다

 주식인 남의 살(온갖 곡식, 열매, 뿌리, 줄기, 잎, 육해공 고기, 젖, 피, 똥, **뼈**, 버러지, 소금을 비롯한 각종 미네랄), 물, 공기, 연기, 청탁불문 술, 독극물을 포함한 여러 화학물질들 특히 약을 밝힌다, 여러가지 가루(금속, 콘크리트, 플라스틱, 아스팔트, 타이어, 미세먼지),
 딱지, 구슬, 땅, 챔피온, 더위, 겁, 꿈, 감동, 문자(말), 영성체, 마음, 나이, 웃음, 눈물, 고독, 애, 눈치……
 끝도 없으나 뇌물이나 상금 등 돈 먹기를 젤 좋아한다. 심지어 스트레스나 욕도 낼름낼름 잘 받아 먹는다

내가 만든 인형

인형 제작법을 아주 짧게 설명을 끝내고 말했다.
"각자 원하는 대로 만들어 보세요.
인형의 모습은 자기가 결정합니다. 자유예요"
저마다 개성 넘친 인형 만들기를 마치자 다시 말했다.
"자, 이제 자기 인형에 생기를 담는 절차입니다.
혼신을 다해 호흡을 불어넣으면
자기 마음이 인형 안으로 들어가 생기가 생깁니다.
자기가 인형이 되는 겁니다."
참가자들이 안내에 따라 작업을 마치자 이번에는 속삭이듯 부드럽게 말했다.

"밖이 있어요! 선택은 자유예요. 제 말 들리세요?"
아뿔싸!
이미, 인형이 된 참가자들은 그 말을 알아듣지 못했다.

"밖이 있어요! 선택은 자유예요. 제 말 들리세요?"

그들은 자기가 만든 인형 속에 갇혀(갇힌 것도 모른 채), 나름대로 자유롭게 살다가 인형으로서 삶을 마쳤다.

들꽃

언뜻 보면 그 꽃이 그 꽃 같지만 똑같이 피는 꽃은 하나도 없다
꽃은 허투루 피지 않으니 하나하나가 우주를 통틀어 유일무이 거룩하도다

다른 것보다 이쁘려 뛰어나려 지혜로우려 애쓰는 꽃이 어디 있으랴
더 멋지게 더 의미 있게 더 행복하려 더 건강하려 아등바등하지도 않는다
자기를 내세우거나 잘난 척하는 꽃이 없고 그늘져 움츠린 꽃도 없다

탓하고 미워하며 시시한 핑계거리로 흔들리며 피는 꽃은 그 어디에도 없다
가물어도 비바람이 거세도 꽃은 한 치 어긋남 없이 그 모습 그대로 피어난다

봐주는 이 없어도 외롭지 않으며 돌보는 이 없어도 느긋하며 꿋꿋하다
탐욕도 성냄도 어리석음도 후회도 걱정도 없이 꽃은 늘 지금 여기, 여여하도다
꽃이 지면 질뿐, 집착하지 않으니 사라짐이 서럽거나 슬프지 않다

이름 없이 싸잡아 잡초라고 불러도 들꽃은 그냥 들꽃, 마냥 들꽃

수야

언뜻 보면 그 꽃이 그 꽃 같지만 똑같이 피는 꽃은
하나도 없다
꽃은 허투루 피지 않으니 하나하나가 우주를 통틀어
유일무이 거룩하도다

다른 것보다 더 예쁘게 피어나려 지혜로우려 애쓰는
꽃이 어디 있으랴
더 멋지게 더 의미 있게 더 행복하려 더 건강하려
아등바등 하지도 않는다
자기를 내세우거나 잘난 척하는 꽃이 없고 그늘져
움츠린 꽃도 없다

탓하고 미워하며 시시한 핑계거리로 흔들리며 피는 꽃은
그 어디에도 없다
가물어도 비바람이 거세도 꽃은 한 치의 어긋남 없이
그 모습 그대로 피어난다

봐주는 이 없어도 외롭지 않으며 돌보는 이 없어도
느긋하고 꿋꿋하다
탐욕도 성냄도 어리석음도 후회도 걱정도 없이 꽃은
늘 지금 여기 여여하다
꽃이 지면 질 뿐 집착하지 않으니 사라짐이 서럽거나
슬프지 않다

이름 없이 싸잡아 잡초라고 불러도 들꽃은 그냥 들꽃,
마냥 들꽃

흐르는 가을

금으로 우주를 그리는 화가
우리宇里 화실 건물 벽화
생물로 그려진 흐르는 가을
금처럼 빛나는 우주 한 조각

넝쿨째

내 백회 바로 위에
넝쿨째 머물며 내 선택을 기다리는 것들.
그것이 무엇인지 모르지만, 나는 안다
무수히 간과하며 놓친다는 사실을!
지금 여기 무한한 신비 속에서
겨우 이 호흡만큼 포도시 살아낸다….

작가

"당신은 누구십니까?"
작가는 자기를 드러내지 않으며 대답했다
"이것이 나입니다"
"그것은 당신이 만든 작품입니다"
작가는 끝내 자기가 만든 인형을 내밀며 우겼다
"작가님의 에고 말고, 당신은 대체 누구십니까?"

불조심

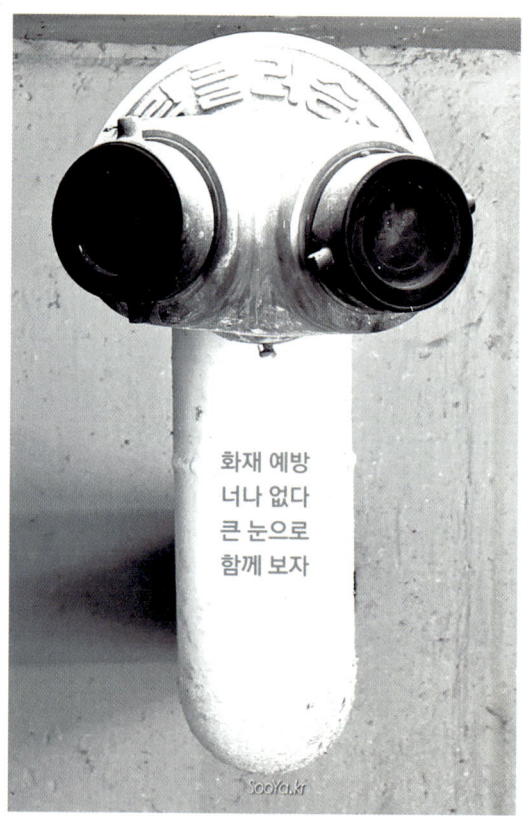

화재 예방
너나 없다
큰 눈으로
함께 보자

보고 싶은 문자 씨 4

거울

소화기

소화기

이세상창조물들은
본연의능력발휘를
해야지만소화기야
명하노니너는부디
나서지말고있어라

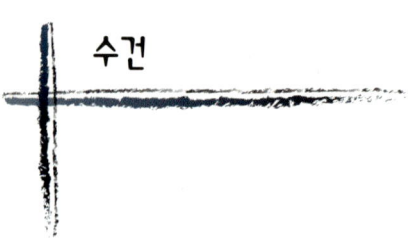

수건

수건

일 마친 수건이 시를
쓴다면 좋을 것 같다
메마른 이 시대에는
촉촉히 젖은 감성이
필요하지 않겠는가

각궁

각궁(覺宮)

오로로까꾸웅그게
뭐그리우스워깔깔
대고웃었었지궁의
주인인넌지금뭐가
그리심각하니깍꿍

손톱깎이

배설

배설

잘먹어야건강하지
맞아골고루적당량
하지만더중요한건
똥오줌잘싸는거야
버리지못하면죽어

수저

수저

사랑하는자식입에
먹을것을넣어주는
잔정많은엄마처럼
일일이떠넣어주고
자기는먹지않는다

시공

시공(時空)

천광년떨어진별빛
천년전과거것이다
별빛이떠나던당시
천년후미래를우린
지금여기살고있다

쓰레기통

쓰레기통3

쓰레기통 3

당신이쓰레기통이
아니라고자신있게
말할수있다면정말
쓰레기통아닐지잘
살펴봐야할겁니다

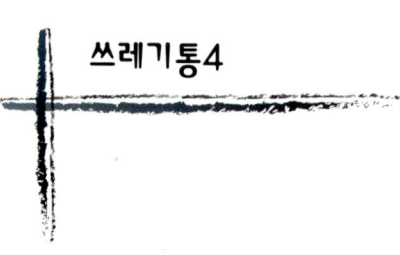

쓰레기통4

쓰레기통 4

쓰레기통에쓰레기
그건당연하죠근데
당신마음에가득한
쓰레기는당신혹시
쓰레기통아닌가요

쓰레기통6

쓰레기통 6

쓰레기통그속에는
위선오만허세집착
모두놓은존재들의
고요한휴식이있다
평화와관조가있다

쓰레기통7

쓰레기통 7

나는언제나구석진
바닥에서머뭅니다
당신은정말자기를
내세울만한존재로
확신하는것인가요

쓰레기통8

쓰레기통 8

그래나는쓰레기다
어쩔래그래난정말
더럽고냄새도난다
너도진실을말해봐
넌정말나보다낫냐

에고

에고

알아주기를바랄때
네가내세운너에게
다정하게말해보렴
이것은내가아니다
내가만든짝퉁이다

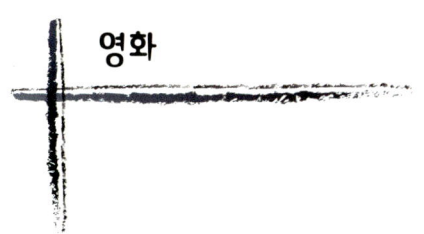

영화

영화

이 우주를 인식하는
주체인 나가 없다면
우주도 사라지겠지
영사기 램프를 끄면
영화가 사라지듯이

우화

우화

내가 자네에게 충고
할 테니 명심해 두게
상대방이 원치 않는
말을 강요하지 말게
내 말 꼭꼭 새겨두게

[인터뷰]

"폰카로 포착한 '사이비' 관점: 영혼을 정화하는 통찰"

인터뷰어: '수야의 관점 놀이 전시회' 소문을 듣고 왔습니다. '사이비 사진전'이라는 제목에 의아함을 넘어 불쾌감을 느끼는 사람들도 있다고 들었습니다. 이 도발적인 작명, 대체 무엇을 노린 겁니까?

수야: 불쾌감이라니요? (웃으며) 오히려 영적인 '진실'에 가까이 다가서려는 이들에게는 짜릿한 전율이 느껴진다고 합니다. '사이비'는 겉모습만 흉내 낸 가짜를 뜻하지만, 저는 '가짜를 질타하는 시선'을 의미한다고 감히 말하고 싶습니다. 기존의 틀을 벗어나 '관점을 전시'하는 신개념 전시회입니다. 이런 전시를 보신 적 있나요?

인터뷰어: 그림도 조각도 아니고 '관점을 전시'한다고요? 어떻게 하는지 궁금합니다.

수야: 사진과 짧은 글을 이용합니다. 얼핏 보면 사진전 같지만, 실은 관점전이죠.
인터뷰어: 사진이 원래 관점 예술 아닌가요?

수야: 물론 그렇죠. 이 전시회에는 멋진 예술성 사진은 별로 없습니다. 사진전이라기에는 사진들의 품질도 썩 좋은 편이 아니거든요. 폰은 디지털 줌을 하니까 어떤 것은 해상도도 낮고 심지어 초점이 흐린 사진들도 있습니다.
화질 좋은 예술적 완성을 추구하는 것이 '사진'의 길입니다. 하지만 제게 중요한 건 '관점' 그 자체입니다. 때론 엉뚱한 앵글이 우리가 미처 보지 못했던 '진짜'를 드러내거든요. 낯설기에 더 솔직할 수 있는, 그래서 '사이비'스러운 진실이라고나 할까요?
더구나 '거짓말 이야기'에는 다른 사람들 사진도 있습니다. 그래서 사이버에서 하는 이 전시회를 사이버 사진전이라 쓰고 저는 사이비 사진전이라고 읽습니다. 하하하.

인터뷰어: 작품들을 준비하는데 시간이 얼마나 걸렸습니까?

수야: 작품을 준비하는 데 걸린 시간이요? 제 삶의 기쁨과 슬픔, 깨달음과 좌절, 숨 쉬었던 모든 순간들이 외로움의 한가운데에서 발효되어 "관점'들을 만들어냅니다. 각각의 사

진과 글은 단순히 찍히고 쓰인 것이 아닙니다. 별거 아닌 것 같지만 제 삶의 한 조각들을 떼어낸 심장과도 같습니다.

인터뷰어: 사진 그 자체보다는 관점에 관점을 두셨다는 말씀이군요? 관점에 관심을 둔 동기가 궁금합니다.

수야 : 1994년부터 아봐타 마스터로 활동했습니다. 사람들의 자기개발을 돕는 과정에서 체득한 바가 있습니다. 삶을 이루는 요소인 의지, 주의, 신념, 자아상, 정직, 목표 등이 관점이라는 테마로 귀착된다는 것이 저의 관점입니다.

인터뷰어: 예를 든다면?

수야: 사람들은 슬픔, 외로움, 절망 등 자기 문제만이 크다고 느끼며 압도됩니다. 이유는, 그것과 아주 가깝게 밀착해 있고, 관점의 고착 때문입니다. 해결책은 자기 문제를 멀리서 보기, 정직하게 보기 또는 다르게 보기입니다. 저는 이 전시회를 통해 '밖이 있다'는 관점으로 우리들 삶을 조명하고자 합니다. 삶에 정답이 없듯이 관점은 그저 관점일 뿐입니다.

인터뷰어: 전시회 의도가 해오신 일의 연장선이군요.

수야: 네. 바로 건강의 회복입니다. 사람들은 누구나 건강에 매우 관심이 많지요. 저 역시 그렇습니다.

인터뷰어: 건강이요? '관점전'이 어떻게 '건강'과 연결될 수 있다는 말씀인가요? 의학서도 아니고, 운동 프로그램도 아닌데요.

수야: 많은 사람이 건강을 '육체의 문제'로만 한정하죠. 진짜 건강은 병들고 늙고 결국 사라지는 몸의 유한한 건강이 아닙니다. 영원한 '영의 건강'에 있습니다. '영'이란 곧 '의식'이자 '인식의 뿌리'입니다. 고정된 관점에 집착하면, 우리의 영은 굳어지고 병들기 시작합니다. '관점 놀이'는 그 고착된 관점을 놓고 유연함으로, 영혼의 속살을 말랑말랑하게 단련하는 쉬운 방법이죠. 정신 특히 영의 건강은 한계가 없습니다. '영의 건강', 이야말로 진짜 중요한 건강 아닌가요?

인터뷰어: 그럼, 이 관점전은 어떤 종교적인 관점인가요?

수야: 아뇨, 전혀 무관합니다. 저는 어떤 종교의 신자도 아닙니다. 영적이면 종교적이어야 하는 건 아니죠. 아무튼, 영이 건강해야 정신이 건강합니다. 그래야 삶이 건강합니다. 그래야 삶 이후가 건강하리라 저는 믿습니다.

인터뷰어: 영의 건강을 말씀하시는데, 역시 일반적인 관점은 아니군요. 그렇다면 영의 건강은 어떻게 관리합니까?

수야: 가장 쉬운 방법은 '밖이 있다'는 말랑말랑한 관점 유지

입니다. 모든 고통은 집착이 그 뿌리입니다. 저는 확신합니다. 이 전시회를 볼수록 영혼은 분명 더욱 건강해질 것입니다. 특히 '거짓말 이야기' 전시실을 곰곰이 음미해 보십시오. 우리가 스스로에게 가장 많이 하는 '거짓말'들, 즉 신념과 경험의 불일치를 인정하는 과정을 통해 진정한 '나'를 만날 수 있을 것입니다. 이는 곧 온전함의 회복으로 이어지는 작은 시작점이 될 것입니다.

인터뷰어: '거짓말 이야기', '자그마한 이야기', '보고 싶은 문자 씨'는 단편소설인가요?

수야: 페이스북에서 활동하던 아주 짧은 단상들 모음입니다. 모 신문에서 매일 연재도 하였지요.

인터뷰어: 전시회를 관람한 사람들의 반응이 궁금하군요.

수야: 재미있다, 참신하다, 찔린다, 섬뜩하다는 등 보는 관점에 따라 아주 다양합니다. 그런 반응들은 영이 건강해지는 신호이기도 합니다.

인터뷰어: 카메라는 어떤 기종을 사용하십니까?

수야: 저는 카메라가 없습니다. 오직 스마트폰 뿐입니다.. 화질? 예술성? 물론 전문가의 그것과는 비교할 수 없을 겁니

다. 하지만 '관점'은 손안의 폰카로도 충분히 담아낼 수 있습니다. 아니, 오히려 모바일의 경쾌함과 일상성이 우리의 날 것 그대로의 '시선'을 더욱 진솔하게 담아낼 수도 있습니다. 누구나 주머니 속에 자신만의 '관점 놀이 도구'를 가지고 있다는 뜻입니다. 사진이 '빛'을 추구하듯이 관점 놀이를 통해 우리의 삶 또한 한층 더 밝아지고 행복해질 수 있습니다. 스마트폰은 이제 단순한 소통 도구를 넘어, 우리 영혼의 건강을 위한 가장 충직한 비서가 될 수 있습니다.

인터뷰어: 오직 스마트폰으로만 찍은 사진들이라고요?

수야: 그렇습니다. 스마트폰 하나면 충분합니다. 누구나 스마트폰을 갖고 있습니다. 전문 작가처럼 사진의 예술성을 고집하지 않는다면 폰카는 재밌는 관점 놀이 도구로써 아주 훌륭합니다. 스마트폰을 영의 건강을 위한 미디어로 활용하자는 관점입니다.

인터뷰어: 전시회는 어디서 어떻게 관람합니까?

수야: PC의 인터넷 주소창에 sooya.kr을 입력하시면 됩니다. 또한 책으로도 출간되어 곧 시판될 예정으로 작업 중입니다.
새전북신문의 고정 칼럼 '수야의 관점 놀이'에서 2년간 전시회 후속 연재도 했습니다.

인스타그램 ID @sooya.kr에 매일 새 관점들이 게시됩니다.

인터뷰어: 앞으로 목표나 계획이 있습니까?

수야: 다음 목표나 계획이요? (미소 지으며) 없습니다. '관점 놀이'는 시작과 끝이 없는 삶 그 자체니까요. 매일매일 스마트폰으로 새로운 관점을 발견하는 기쁨을 누리며, 지금 여기, 이 순간을 온전히 살아내는 것. 그것이 저의 유일한 목표이자, 이 전시회가 전하고자 하는 궁극적인 메시지입니다.

인터뷰어: 오늘 인터뷰를 통해 '관점'에 대한 저의 관점마저 흔들렸습니다. 작가님의 깊은 철학과 독특한 시선이 담긴 '관점 놀이'가 많은 독자에게 새로운 깨달음을 선물하고, 진정한 '건강'을 찾아주는 이정표가 되리라 확신합니다. 귀한 말씀 감사합니다.